上海市工程建设规范

航道养护技术标准

Technical standard of waterway maintenance

DG/TJ 08—2449—2024
J 17783—2024

主编单位：中交上海航道勘察设计研究院有限公司
　　　　　上海市港航事业发展中心
批准部门：上海市住房和城乡建设管理委员会
施行日期：2025 年 1 月 1 日

同济大学出版社

2024　上海

图书在版编目(CIP)数据

航道养护技术标准 / 中交上海航道勘察设计研究院有限公司,上海市港航事业发展中心主编. --上海:同济大学出版社,2024.11. -- ISBN 978-7-5765-1393-6

Ⅰ. U617-65

中国国家版本馆 CIP 数据核字第 2024YN4237 号

航道养护技术标准

中交上海航道勘察设计研究院有限公司　　　主编
上海市港航事业发展中心

责任编辑	朱　勇	
责任校对	徐春莲	
封面设计	陈益平	
出版发行	同济大学出版社　　www.tongjipress.com.cn	
	(地址:上海市四平路 1239 号　邮编:200092　电话:021-65985622)	
经　　销	全国各地新华书店	
印　　刷	浦江求真印务有限公司	
开　　本	889mm×1194mm　1/32	
印　　张	2.5	
字　　数	63 000	
版　　次	2024 年 11 月第 1 版	
印　　次	2024 年 11 月第 1 次印刷	
书　　号	ISBN 978-7-5765-1393-6	
定　　价	30.00 元	

本书若有印装质量问题,请向本社发行部调换　　版权所有　侵权必究

上海市住房和城乡建设管理委员会文件

沪建标定〔2024〕370号

上海市住房和城乡建设管理委员会关于批准《航道养护技术标准》为上海市工程建设规范的通知

各有关单位：

由中交上海航道勘察设计研究院有限公司、上海市港航事业发展中心主编的《航道养护技术标准》，经我委审核，现批准为上海市工程建设规范，统一编号为 DG/TJ 08—2449—2024，自2025年1月1日起实施。

本标准由上海市住房和城乡建设管理委员会负责管理，中交上海航道勘察设计研究院有限公司负责解释。

特此通知。

上海市住房和城乡建设管理委员会
2024年7月18日

前 言

根据上海市住房和城乡建设管理委员会《关于印发〈2022年上海市工程建设规范、建筑标准设计编制计划〉的通知》（沪建标定〔2021〕829号）的要求，中交上海航道勘察设计研究院有限公司、上海市港航事业发展中心在总结上海市航道养护实践经验和广泛征求意见的基础上，结合本市航道养护工程特点和发展需求制定本标准。

本标准共分11章，并附条文说明，主要内容包括：总则、术语、基本规定、航道养护观测、航道养护疏浚、航道整治建筑物养护、船闸养护、停泊区水工建筑物养护、航标和内河交通安全标志养护、信息化系统运维、航道养护计划和技术核查等。

各单位及相关人员在执行本标准过程中，如有意见和建议，请反馈至上海市交通委员会（地址：上海市世博村路300号1号楼；邮编：200125；E-mail：shjtbiaozhun@126.com），中交上海航道勘察设计研究院有限公司（地址：上海市浦东大道850号；邮编：200120；E-mail：huangzhiyang@163.com），上海市建筑建材业市场管理总站（地址：上海市小木桥路683号；邮编：200032；E-mail：shgcbz@163.com），以供今后修订时参考。

主 编 单 位：中交上海航道勘察设计研究院有限公司
上海市港航事业发展中心
参 编 单 位：上海中交水运设计研究有限公司
主要起草人：季　岚　黄志扬　严家君　丁越峰　郑　静
侯　慷　丁　洁　戴文渊　骆登强　黄东海
张政生　陈　虹　朱晓晨　胡亚洲　陈巍博
楼启明　郭冬冬　项雨略　曹慧江　王庆珺

主要审查人员：于佳乾　刘　璐　隋伟涛　李维运　房　勇
张同旭　郭天润　曾建峰　赵　丽　倪　雁
张　林　周　海　谈泽炜　王绍明　施友仁
刘卫平　寿顺宝

上海市建筑建材业市场管理总站

目 次

1 总　则 ……………………………………………………… 1
2 术　语 ……………………………………………………… 2
3 基本规定 …………………………………………………… 4
　3.1 一般规定 ……………………………………………… 4
　3.2 航道养护分类 ………………………………………… 6
4 航道养护观测 ……………………………………………… 7
　4.1 一般规定 ……………………………………………… 7
　4.2 水文观测 ……………………………………………… 7
　4.3 航道养护测量 ………………………………………… 8
　4.4 航道图测绘 …………………………………………… 10
5 航道养护疏浚 ……………………………………………… 12
　5.1 一般规定 ……………………………………………… 12
　5.2 维护尺度 ……………………………………………… 12
　5.3 维护方式与工程量计算 ……………………………… 13
　5.4 疏浚工艺与疏浚设备 ………………………………… 15
　5.5 疏浚土管理 …………………………………………… 16
6 航道整治建筑物养护 ……………………………………… 18
　6.1 一般规定 ……………………………………………… 18
　6.2 技术状况检查 ………………………………………… 18
　6.3 技术状况评价 ………………………………………… 20
　6.4 维修与改善 …………………………………………… 21
7 船闸养护 …………………………………………………… 24
　7.1 一般规定 ……………………………………………… 24
　7.2 检查、观测及检测 …………………………………… 24

— 1 —

		7.3 技术状况等级评定	25
		7.4 养护与维修	26
8	停泊区水工建筑物养护		30
	8.1	一般规定	30
	8.2	巡查与检测	30
	8.3	技术状况等级评定	31
	8.4	养护与维修	32
9	航标和内河交通安全标志养护		34
	9.1	一般规定	34
	9.2	沿海航标养护	34
	9.3	内河航标养护	35
	9.4	内河交通安全标志养护	36
10	信息化系统运维		38
	10.1	一般规定	38
	10.2	硬件设备运维	38
	10.3	软件系统运维	39
	10.4	基础设施维护	40
11	航道养护计划和技术核查		42
	11.1	一般规定	42
	11.2	养护计划	42
	11.3	技术核查	43

本标准用词说明 ………………………………………… 44
引用标准名录 …………………………………………… 45
条文说明 ………………………………………………… 47

Contents

1 General provisions ································· 1
2 Terms ··· 2
3 Basic requirements ································· 4
   3.1 General provisions ···························· 4
   3.2 Classification of waterway maintenance ·········· 6
4 Observations of waterway maintenance ··············· 7
   4.1 General provisions ···························· 7
   4.2 Hydrological observations ····················· 7
   4.3 Waterway maintenance survey ················· 8
   4.4 Waterway chart mapping ····················· 10
5 Waterway maintenance dredging ···················· 12
   5.1 General provisions ··························· 12
   5.2 Maintenance dimensions ······················ 12
   5.3 Maintenance methods and quantity calculation ······ 13
   5.4 Dredging process and equipment ··············· 15
   5.5 Management of dredged materials ·············· 16
6 Waterway regulating structures maintenance ··············· 18
   6.1 General provisions ··························· 18
   6.2 Inspection of technical conditions ·············· 18
   6.3 Assessment of technical conditions ············· 20
   6.4 Repairment and improvement ················· 21
7 Lock maintenance ································· 24
   7.1 General provisions ··························· 24
   7.2 Inspection, observations and detection ··············· 24

	7.3 Rating of technical conditions	25
	7.4 Maintenance and repairment	26
8	Berthing area hydraulic structures maintenance	30
	8.1 General provisions	30
	8.2 Patrol and inspection	30
	8.3 Rating of technical conditions	31
	8.4 Maintenance and repairment	32
9	Maintenance of aids to navigation and inland waterways traffic safety signs	34
	9.1 General provisions	34
	9.2 Aids to navigation maintenance of coastal waterways	34
	9.3 Aids to navigation maintenance of inland waterways	35
	9.4 Traffic safety signs maintenance of inland waterways	36
10	Information-based system operation and maintenance	38
	10.1 General provisions	38
	10.2 Hardware equipment operation and maintenance	38
	10.3 Software system operation and maintenance	39
	10.4 Infrastructure maintenance	40
11	Waterway maintenance plan and technical verification of waterway maintenance	42
	11.1 General provisions	42
	11.2 Waterway maintenance plan	42
	11.3 Technical verification of waterway maintenance	43

Explanations of wording in this standard ········· 44
List of quoted standards ························· 45
Explanation of provisions ························ 47

1 总 则

1.0.1 为适应本市水运高质量发展需求,根据航道养护地域特性,统一航道养护的技术要求,规范航道养护行为,提高航道养护的工作质量和技术水平,制定本标准。

1.0.2 本标准适用于本市负责管理的沿海航道、内河航道、航道整治建筑物、船闸、停泊区水工建筑物、航标和内河交通安全标志、信息化系统等养护工作。

1.0.3 本市航道养护除应符合本标准的规定外,尚应符合国家、行业和本市现行有关标准的规定。

2 术 语

2.0.1 航道养护　waterway maintenance

航道养护是指航道养护巡查、养护观测、养护疏浚、清障、航道整治建筑物养护，船闸养护，停泊区水工建筑物养护，航标和内河交通安全标志养护，信息化系统运维，以及其他航道设施设备的监测、检查、保养维护等活动的总称，其养护型式包括例行养护、专项养护和应急抢修三类。

2.0.2 例行养护　routine maintenance

为保障航道和航道设施正常运行，常态化、周期性开展的航道养护活动。

2.0.3 专项养护　special maintenance

为恢复或改善航道技术状况、提高航道设施设备水平，规模较大、技术复杂、需要集中作业的航道养护活动。

2.0.4 应急抢修　emergency rush through

对因台风、寒潮、洪涝等自然灾害或事故灾难等突发事件，造成航道损坏、阻塞等严重影响船舶航行而应急实施的恢复航道畅通的活动；或因航道整治建筑物、设施设备损坏无法保障其功能发挥和通航安全，而应急实施的修复、改善活动。

2.0.5 沿海航道　coastal channel

在沿海水域或入海潮汐河口经建设、养护可供船舶通航的通道。

2.0.6 内河航道　inland channel

经航道主管部门认定的江河、湖泊等内陆水域中可供船舶通航的通道。

2.0.7 内河闸控航道　lock-controlled inland channel

水位受船（水）闸控制的内河航道。

2.0.8 内河开敞航道 non-lock controlled inland channel

水位不受船(水)闸控制的内河航道。

2.0.9 天然航道 natural channel

主要利用自然水深通航的航道。

2.0.10 停泊区 parking zone

经航道主管部门认定的江河、湖泊等内陆水域中供船舶临时停泊、待泊等使用,并设置相关水工建筑物的区域。

2.0.11 信息化系统运维 information-based system operation and maintenance

对航道信息技术基础设施和相关软件、硬件进行维护、管理等活动的总称。

3 基本规定

3.1 一般规定

3.1.1 航道养护应根据水运发展、航道条件和航道养护类别开展养护工作，包括以下主要内容：
  1 航道养护计划制定与技术核查。
  2 航道养护巡查。
  3 航道养护观测。
  4 航道养护疏浚。
  5 航道清障。
  6 航道整治建筑物养护。
  7 船闸养护。
  8 停泊区水工建筑物养护。
  9 航标和内河交通安全标志养护。
  10 信息化系统运维。
  11 其他航道设施设备养护。
  12 航道研究分析。
  13 航道信息发布。

3.1.2 航道养护标准应根据现行国家标准《内河通航标准》GB 50139，现行行业标准《运河通航标准》JTS 180—2、《海轮航道通航标准》JTS 180—3、《长江干线通航标准》JTS 180—4 和现行上海市工程建设规范《内河航道工程设计标准》DG/TJ 08—2116 等的规定，并结合航道条件和航运需求等论证确定。

3.1.3 航道养护应遵循分类养护、突出重点、科学高效、安全环保的原则，提升航道养护标准化、精细化和智能化水平。

3.1.4 例行养护和专项养护应根据航道养护计划开展,并应符合下列规定:

1 例行养护主要包括航道养护巡查和养护观测,航道整治建筑物定期巡查、定期监测和日常维修,船闸检查、观测、检测和日常养护,停泊区水工建筑物巡查、检测和日常养护,航标和内河交通安全标志巡视、巡检和检查等。

2 专项养护应编制专项养护技术方案,专项养护包括工程类专项养护和设施类专项养护,宜包括下列内容:

1) 工程类专项养护包括航道养护疏浚、锚地和停泊区养护疏浚、整治建筑物专项维修与改善、船闸专项修理与大修、停泊区水工建筑物专项维修及更新改造等;
2) 设施类专项养护包括航标和内河交通安全标志修复或更换、停泊区水工建筑设施设备维修或更换、信息化系统运维等。

3.1.5 航道养护应制定航道突发事件应急预案,应急抢修应按照应急预案组织实施,并应遵循相关规定要求。

3.1.6 航道养护应根据养护类别、航道特性等因素,开展航道及航道设施养护巡查;在枯水、洪水、台风等特殊水文气象条件下,以及发生航道突发事件时,应增加航道养护巡查频次。

3.1.7 航道、锚地和停泊区中发现水下障碍物时,应及时清除。

3.1.8 航道研究分析宜包括水深跟踪分析、海(河)床演变分析、航道回淤研究、船型及航运量统计分析、船闸流量分析、航道安全风险评估等工作。航道回淤研究宜结合航道养护测量开展,对回淤强度较大或者通航条件较差的航段,必要时应加强回淤观测研究,并提出减淤或改善通航条件的措施建议。

3.1.9 航道信息发布内容宜包括航道基础信息、航道养护信息和航道突发事件应急信息等,其发布程序、发布频次和发布方式宜符合现行行业标准《内河航道公共服务信息发布指南》JTS/T 321 的相关规定。

3.1.10 航道养护应收集、汇编、留存养护技术资料并进行归档，其中航道测绘技术成果资料应长期保存。

3.2 航道养护分类

3.2.1 航道应根据航道现状技术等级和通航要求确定养护类别，并实施分类养护。

3.2.2 航道养护类别划分应符合下列规定：

  1 具备下列条件之一的航道养护，应为一类养护：
    1）通航 2 万吨级及以上海轮或国际航线集装箱船的沿海航道；
    2）已整治完成的"一环十射"高等级内河航道；
    3）年货运量在 300 万吨及以上的内河航道；
    4）危险品年货运量在 100 万吨及以上的内河航道。

  2 通航 5 000 吨级以下海轮的沿海航道、年货运量小于 2 万吨的Ⅶ级内河航道和已经取消货运功能的内河航道应为三类养护。

  3 条件介于一类养护和三类养护之间的航道，应为二类养护。

3.2.3 特殊航段的航道养护类别，经分析论证可进行适当调整。

4 航道养护观测

4.1 一般规定

4.1.1 航道养护观测内容应主要包括水文观测、航道养护测量、航道图测绘等。

4.1.2 航道养护宜节约观测费用，在满足航道养护观测技术要求的情况下，其他主管部门或有关单位在观测水域、观测期间开展的水文观测、养护测量和航道图测绘等资料，可收集作为航道养护观测要求频次的补充。

4.1.3 航道养护观测的测量控制系统应与国家测量控制网衔接，平面坐标系统应采用 2000 国家大地坐标系（CGCS2000）或上海 2000 坐标系；沿海航道水深基准面应采用当地理论最低潮面或航行基准面，内河航道高程基准面应采用上海佘山吴淞零点。

4.1.4 航道养护观测应符合现行国家标准《水位观测标准》GB/T 50138 和现行行业标准《水运工程测量规范》JTS 131、《水运工程水文观测规范》JTS 132 的相关规定。

4.2 水文观测

4.2.1 水文观测内容应根据航道具体情况和养护要求综合确定，并应符合下列规定：

　　1 沿海航道水文观测宜包括潮汐、潮流、径流、波浪、含沙量、悬沙颗粒级配、海（河）床底质、盐度、水温、风速、风向等。

　　2 受台风、寒潮大风影响明显的沿海航道，宜根据航道回淤强度和回淤物特性开展大风过程的近底高浓度含沙量和浮泥观测。

  3 内河航道水文观测宜包括水位、流速、流向、含沙量、河床底质等。

4.2.2 沿海航道水文观测的频次应根据水文特征、航道稳定性、航道回淤情况等合理确定，不宜低于每年1次，并应符合下列规定：

  1 水深条件较好、海(河)床稳定且养护疏浚量较小的航道，可适当降低观测频次。

  2 海(河)床不稳定或者维护量较大的航道，宜加强回淤较大时段和重点区段的水文观测，且每次观测的连续时间不少于28h，并包括两次完整涨落潮过程。

  3 航道回淤受洪水、台风、寒潮影响明显时，宜加强影响期间的水文观测。

  4 新建、改建或扩建航道完工后3年内宜适当增加水文观测频次。

4.2.3 水文观测应根据航道水域水文气象条件及回淤季节特征，合理确定观测季节和观测潮型。

4.2.4 水文观测的观测断面位置宜固定，多站观测应同步进行，特殊情况下可准同步观测。

4.2.5 近底高浓度含沙量观测宜包括流速流向剖面过程、近底不同分层的含沙量和含盐度过程，并收集附近水域的波浪资料。

4.3 航道养护测量

4.3.1 航道养护测量应包括水深测量和地形测量等。

4.3.2 航道养护水深测量范围应符合下列规定：

  1 沿海航道水深测量范围应至少包括航道底边线之间区域、航道边坡及坡顶两侧外拓区域和疏浚段两端外拓区域等，并宜包括港池、锚地、掉头区等区域，部分区域可根据需要适当扩大。

2 内河航道水深测量范围应包括航道所在河段两岸岸线之间的区域,并应向上下游、沿线支流航道适当外拓;湖区航道应包括航道底边线之间区域、航道边坡及坡顶两侧外拓区域和航段上下游外拓区域,其中横向从航道坡顶向两侧外拓的距离宜各取1倍航道宽度。

4.3.3 航道养护地形测量应包括岸线、临河建(构)筑物、水上水下过河建(构)筑物、拦河闸坝、沉船、电缆等要素,无明显变化的要素可采用相近年份测量成果。

4.3.4 航道养护测量频次应符合下列规定:

1 沿海航道养护测量频次应符合表4.3.4-1的规定。

表 4.3.4-1 沿海航道养护测量频次

航道性质		一类养护航道	二类养护航道	三类养护航道
人工航道	回淤较大的航道	每年不少于6次	每年不少于4次	根据航道回淤强度和通航需求确定
	回淤中等的航道	每年不少于4次	每年不少于2次	
	回淤较小的航道	每年不少于1次		
天然航道		每2年不少于1次		

2 内河航道养护测量频次应符合表4.3.4-2的规定。

表 4.3.4-2 内河航道养护测量频次

航道类型	一类养护航道	二类养护航道	三类养护航道
内河闸控航道	每1~2年1次	每2~3年1次	根据需要安排
内河开敞航道	每年不宜少于1次	每1~2年1次	

3 锚地和停泊区养护测量的频次可根据功能和冲淤情况等综合确定。

4 水深条件较好、海(河)床较稳定、无需疏浚或疏浚量较小的航道,可适当减小养护测量频次。

5 航道考核测量或养护疏浚施工前、后的水深测量,其测量范围、测图比例尺符合航道养护测量技术要求时,可作为航道养护测量频次的补充。

6 台风或寒潮大风后,应根据需要及时开展水深测量。

4.3.5 航道养护测量的测图比例尺应符合下列规定:

1 沿海航道水深测量的测图比例尺不应小于1∶10 000,回淤强度较大或通航环境复杂的区域应适当增大测图比例尺。

2 内河航道水深测量宜采用断面法,一般航段的测量断面间距宜取250 m,桥区水域、弯道、水流交汇处、闸内外1 km范围等区域的测量断面应适当加密,交汇水域应设置交叉断面;停泊区测量的测图比例尺不应小于1∶2 000,也可采用断面法,测量断面间距取100 m,且每处停泊区测量断面不应少于3个。

3 内河航道地形测量的测图比例尺不应小于1∶2 000,地形复杂区域的测图比例尺应适当增大。

4.4 航道图测绘

4.4.1 航道图测绘内容应符合下列规定:

1 沿海航道图测绘内容宜包括航道及港区水下地形、港口基础设施、导助航设施、沿岸地形、与通航有关的建(构)筑物、水中碍航物的位置和深度等。

2 内河航道图测绘内容应包括水下和陆上地形,航道设施位置和轮廓,与航道有关的桥梁、隧道、管道、缆线、取排水口、水文站等建(构)筑物位置和轮廓,水上服务设施、河道两岸附近城镇和其他重要地形地物的位置和轮廓,水中碍航物的位置和高程等;同时还应标绘距河口或主要港口整数里程、水文站测验断面、各类水尺的位置、测量日期和测时水位等,并附各主要建(构)筑物的特征参数。

4.4.2 沿海航道图测绘应符合现行国家标准《海道测量规范》GB 12327、《中国航海图编绘规范》GB 12320、《中国海图图式》

GB 12319 和现行行业标准《沿海港口航道测量技术要求》JT/T 954、《水运工程测量规范》JTS 131 等的相关规定;内河航道图测绘应符合现行行业标准《水运工程测量规范》JTS 131、《内河电子航道图技术规范》JTS 195—3 等的相关规定。

4.4.3 航道图测绘周期应符合下列规定:

1 沿海航道图测绘周期应符合表 4.4.3 的规定。

表 4.4.3 沿海航道图测绘周期

航道性质	一类养护航道	二类养护航道	三类养护航道
人工航道	每 3 年至少 1 次	每 4 年至少 1 次	每 5 年至少 1 次
天然航道	每 4 年至少 1 次	每 6 年至少 1 次	每 8 年至少 1 次

2 内河航道图测绘周期应符合下列规定:
1) 一类养护的内河开敞航道的航道图测绘周期宜为 6 年~8 年,变化较频繁的航道可为 3 年~5 年,较为稳定的航道可为 10 年;
2) 其他内河航道宜根据养护需要进行航道图或简易航道图测绘。

4.4.4 沿海航道图测绘的测图比例尺不应小于 1∶10 000,成图比例尺可根据港口实际需要确定;内河航道图测绘的测图比例尺不应小于 1∶2 000。

4.4.5 内河简易航道图测绘的测图比例尺可适当减小,水下地形测量可放宽断面间距或沿航线及航线两侧进行纵向测量;河道岸线或陆上地形可套绘其他资料或测绘轮廓,内河简易航道图应测量或标绘的其他内容可较航道图适当简化。

4.4.6 在内河航道图测绘的基础上,可根据养护需要制作电子航道图。电子航道图应定期更新,特别是航标调整、浅段水深变化等应及时进行局部更新。电子航道图制作、更新、维护要求应符合现行行业标准《内河电子航道图技术规范》JTS 195—3 的相关规定。

5 航道养护疏浚

5.1 一般规定

5.1.1 航道养护疏浚应编制专项养护技术方案,技术方案应包括下列内容:
  1 确定航道维护尺度。
  2 计算疏浚工程量。
  3 明确疏浚土处置方式。
  4 确定疏浚工艺,合理选择疏浚设备。
  5 明确疏浚施工方案并编制工程概算。
  6 提出施工安全措施。

5.1.2 航道养护疏浚标准宜按照航道建设标准执行,必要时可根据航道实际通航情况,经论证合理调整。

5.1.3 航道养护疏浚应避免对码头、整治建筑物、护岸、水文站、取排水口、桥梁、上跨和下穿管线等涉水设施产生不利影响;施工时宜加强相关建(构)筑物的沉降和位移监测,保证建(构)筑物结构安全。

5.1.4 航道养护疏浚验收应符合现行行业标准《水运工程质量检验标准》JTS 257 的相关规定和设计文件的验收要求。

5.2 维护尺度

5.2.1 沿海航道维护尺度宜按照航道设计尺度执行,必要时也可根据船舶实际营运吃水、航道回淤情况、潮位利用、养护周期等,经论证合理确定。

5.2.2 内河航道维护尺度应符合现行上海市工程建设规范《内河航道工程设计标准》DG/TJ 08—2116 的相关规定,并应符合下列规定:

1 已整治航道维护尺度宜按航道设计尺度执行,必要时可根据航道技术等级、现状等级、通航需求、养护周期等论证合理确定,且原则上不应低于航道整治标准。

2 未整治航道维护尺度应根据航道技术等级、现状等级、航道条件和通航需求等综合确定,且应采用下式对航道维护设计水深进行复核。

$$H \geqslant T + \Delta H \tag{5.2.2}$$

式中:H——航道维护设计水深(m);
T——代表船型吃水(m);
ΔH——富裕水深值,采用表 5.2.2 中的数值。

表 5.2.2 富裕水深值

航道等级	Ⅲ	Ⅳ	Ⅴ	Ⅵ	Ⅶ
富裕水深(m)	0.5～0.7	0.3～0.5	0.3～0.5	0.2～0.3	0.2～0.3

注:1 流速和风浪较大的水域取大值;反之,取小值。
  2 对于限制性航道,相应富裕水深可适当加大。

5.3 维护方式与工程量计算

5.3.1 人工航道的维护方式应根据港口需求、航道通航情况和航道回淤强度等综合确定。

5.3.2 天然航道出现碍航浅段或浅点时宜采取疏浚措施进行养护,经论证后也可采取航标调整等措施进行养护。

5.3.3 人工航道养护疏浚频次应符合下列规定:

1 沿海航道养护疏浚频次不宜小于每年 1 次,如果局部航段淤积较大,可根据实际情况增加相应航段的养护疏浚频次;回淤较小的沿海航道养护疏浚频次可根据航道实际情况合理确定。

2 内河航道养护疏浚频次宜符合表5.3.3的规定。

表5.3.3 内河航道养护疏浚频次

航道特性	维护类别	一类维护	二类维护	三类维护
内河开敞航道	回淤强度≥0.3m/a	每2～5年1次	每6～8年1次	根据航道实际情况合理确定
	回淤强度<0.3m/a	每3～6年1次		
内河闸控航道		每3～6年1次		

3 水深条件较好且河势稳定的航道,可适当降低养护疏浚频次。

5.3.4 受台风、寒潮等自然灾害,或事故等突发事件影响造成航道出现阻航时,应及时开展应急抢通工作,并符合下列规定:

1 应急抢通应根据水深测图合理确定疏浚范围,并制定应急抢通专项方案。

2 当养护工程量大且施工力量不足以短期恢复至航道维护尺度时,可根据实际运营船舶通航要求,合理确定分阶段抢通尺度,并尽快恢复至航道维护尺度。

5.3.5 疏浚工程量计算应符合现行行业标准《疏浚与吹填工程设计规范》JTS 181—5的相关规定,并应符合下列规定:

1 沿海航道各类挖泥船计算超宽、计算超深宜按照表5.3.5取值,也可根据施工经验和设备水平合理确定。

2 内河航道各类挖泥船计算超深、计算超宽值应符合现行上海市工程建设规范《内河航道工程设计标准》DG/TJ 08—2116的相关规定。

3 施工期回淤工程量宜根据回淤强度、施工工期、施工工艺等综合确定。

表5.3.5 各类挖泥船计算超深、计算超宽值(m)

船型	耙吸挖泥船		绞吸挖泥船		抓斗挖泥船			铲斗挖泥船		气动式吸泥船
规格	舱容(m^3)		装机总功率(kW)		斗容(m^3)			斗容(m^3)		装机总功率(kW)
	≥9 000	<9 000	≥5 000	<5 000	>8	4~8	<4	≥4	<4	400
计算超深	0.55	0.50	0.40	0.30	0.60	0.50	0.40	0.40	0.30	0.30
计算超宽	6.0	5.0	4.0	3.0	4.0	4.0	3.0	3.0	2.0	2.0

注：1 在斜流、泡漩水等不良流态地区，挖槽计算超宽值应增加1 m~2 m。
2 对端部有纵向端坡的基槽和挖槽，其计算超长值可与计算超宽值相同，端坡的坡度可与横断面边坡的坡度相同；用耙吸挖泥船施工时，端坡的坡度可适当增加。

5.4 疏浚工艺与疏浚设备

5.4.1 航道养护疏浚工艺与疏浚设备的确定应符合现行行业标准《疏浚与吹填工程设计规范》JTS 181—5的相关规定。

5.4.2 航道养护疏浚工艺应根据工程区域的自然条件、水深情况、疏浚土处置方式、通航环境、环保要求等综合确定。

5.4.3 航道养护疏浚设备应在合理选择疏浚工艺的基础上，根据疏浚工况、疏浚土可挖性和管道输送适宜性、疏浚工程量和工期等合理确定，并应符合下列规定：

1 养护疏浚宜优先考虑疏浚土吹填上陆等资源化综合利用，疏浚吹填设备可选绞吸挖泥船、带艏吹功能的耙吸挖泥船或者吹泥船等。

2 沿海航道养护疏浚宜选择自航耙吸挖泥船或抓斗挖泥船，同时要求施工船舶的抗风浪能力满足疏浚施工区、运输沿途及疏浚土处置区的作业要求。

3 锚地养护疏浚宜选择抗风浪性较好、工效较高的疏浚设备,并尽量减少疏浚设备对锚地资源的占用。

4 内河航道、码头前沿停泊水域、水深较浅的边滩水域、水域狭窄的停泊区或建(构)筑物附近的养护疏浚,宜采用抓斗或铲斗挖泥船;同时应加强周边建(构)筑物的沉降和位移监测,保证建(构)筑物的安全稳定。

5 对施工水域受限、疏浚土质以淤泥或浮泥为主,且掩护条件较好的航道养护疏浚,可采用气动式吸泥船。

5.4.4 航道养护疏浚宜符合现行行业标准《内河航道绿色养护技术指南》JTS/T 320—6 的相关规定,采用环保的疏浚工艺和疏浚设备,并应尽量减小对环境的不利影响。

5.4.5 污染疏浚土的养护疏浚应合理选择疏浚和运输设备,减少细颗粒泥沙的流失和扩散,避免运输时沿途泄漏和超载溢流等,防止二次污染;污染物对人体有害或对机具有腐蚀性时,必须采取相应的防护措施。

5.5 疏浚土管理

5.5.1 疏浚土管理应符合国家现行标准的相关规定,避免疏浚土对环境造成不利影响。

5.5.2 疏浚土管理包括疏浚土检测评价、疏浚土资源化综合利用、疏浚土处置和污染疏浚土处理等。

5.5.3 疏浚土检测评价应符合现行国家标准《土壤环境质量 农用地土壤污染风险管控标准(试行)》GB 15618、《土壤环境质量 建设用地土壤污染风险管控标准(试行)》GB 36600、《海洋倾倒物质评价规范 疏浚物》GB 30980,现行行业标准《绿化种植土壤》CJ/T 340 和现行上海市工程建设规范《滩涂促淤圈围造地工程设计规范》DG/TJ 08—2111 的相关规定。

5.5.4 疏浚土资源化利用应根据疏浚土的检测指标,结合资源化利用的需求、可行性、环境可接受性和成本等，合理制定利用方案和环保监测方案。

5.5.5 无法利用的疏浚土应采取合理、合法的方式和必要的措施进行处置或处理。

5.5.6 疏浚土陆上处置应符合下列规定：

  1 疏浚土陆上处置应遵循就近原则，宜优先选择管道输送或船舶运输；选择车辆运输时，应进行脱水固化处理，将淤泥含水率降低至 65% 以下。

  2 陆上处置区在满足疏浚土处置容量需要的前提下，应尽量减少占地，并采取措施控制或减小吹填区排水对周边环境的不利影响。

  3 陆上处置区应满足河岸安全距离的要求，不得影响岸坡整体稳定。

5.5.7 疏浚土水上处置区的容量和倾倒强度应符合海洋倾倒区的使用要求，同时宜采取措施减小疏浚土扩散对航道回淤的不利影响。

5.5.8 污染疏浚土未经处理严禁直接利用，并应符合下列规定：

  1 污染疏浚土处理应根据污染因子选择合适的方法，并编制专项方案，经专家论证后实施。

  2 污染疏浚土处理过程中应防范设备、材料、废液的二次污染，处理场地应采取必要的防渗措施，避免因底泥和渗滤液的渗漏、溢流而污染周边环境及地下水。

  3 污染疏浚土处理产生的尾水应符合现行上海市地方标准《污水综合排放标准》DB31/199 的相关规定。

  4 污染疏浚土经过处理且检测指标达到相关要求后，才可进行资源化综合利用或处置。

6 航道整治建筑物养护

6.1 一般规定

6.1.1 航道整治建筑物养护应以预防为主,加强监测、科学评价、及时维修。

6.1.2 航道整治建筑物养护应包括下列内容:
    1 建筑物技术状况检查。
    2 建筑物技术状况评价。
    3 受损坏建筑物维修和对功能存在明显缺陷的建筑物进行局部改善。

6.1.3 航道整治建筑物养护应开展定期检查、评价和维修等例行养护工作。例行养护中发现重大问题,应进行专项养护。遇特殊情况时,可开展应急养护。

6.1.4 达到设计使用年限的建筑物应对其结构安全性能进行全面检查和技术鉴定,确定其技术状况等级。

6.2 技术状况检查

6.2.1 航道整治建筑物技术状况检查应包括下列主要内容:
    1 建筑物结构变化。
    2 建筑物周边地形和水流变化。
    3 建筑物所在水域河势和水文条件变化。

6.2.2 航道整治建筑物技术状况检查的重点部位应符合下列规定:
    1 堤坝应检查外部面层的完好状况,坝身沉降变化、水平位移情况,水下坡脚、堤坝头部及下游侧坝体受损、塌陷和变形情况,附近冲刷坑变形量值等。

2 具有通行功能的堤坝还应检查建筑物堤顶路面与排水结构的沉陷和损坏情况。

3 护滩、护底建筑物应检查护面、周边和端部的完好性、压载体的牢固程度,土工织物排垫暴露老化状况,建筑物边缘地形、水流条件变化等情况。

4 处于易变滩段的航道整治建筑物,应检查建筑物所处水域河势和水文条件变化情况。

6.2.3 航道整治建筑物应定期开展例行检查,例行检查宜采用定期巡查和定期监测相结合的方式开展,并应符合下列规定:

1 定期巡查范围主要为整治建筑物的外表部位及附近可见的滩涂等,巡查周期宜按月或按季度开展。露出水面的建筑物应列为定期巡查重点。

2 定期监测包括沉降、水平位移观测,堤身等建筑物主体及周边地形变化,测量宜在汛后或风暴潮后进行,监测频次应符合表6.2.3的规定。

表6.2.3 航道整治建筑物定期监测频次

监测内容	监测频次		
	沿海航道	内河航道	
		使用5年内(含)	使用5年后
沉降	每年2次	每年1次	每3～5年1次
水平位移			
断面测量	每年2次	每1～2年1次	每1～2年1次
地形测量	每年2次(洪、枯季各1次)		

注:1 沉降、水平位移观测包括对灯桩构筑物基础的监测。
    2 各监测内容应同一时间段实施。
    3 内河航道整治建筑物地形测量宜与内河航道养护测量同步实施。

3 沉降、水平位移观测宜设置固定观测断面和观测点,观测断面间距根据建筑物规模和等级设置，宜为 100 m～1 000 m。

4 水域河势和水文条件等宜以资料收集为主，可引用长期水文测站、航道或周边水域水文观测站的数据。根据技术状况评价、维修等需要，可在整治建筑物周边开展短期专项水文观测。

6.2.4 航道整治建筑物所在区域遭受特大洪水、超强台风、风暴潮、地震等恶劣自然条件，或遭受船舶碰撞、建筑物区域遭受人为破坏活动的时候，应对受影响的建筑物及周边环境进行临时检查。

6.2.5 航道整治建筑物区域地形测量应符合下列规定：

1 地形测量范围应为建筑物边缘外延 10 m～100 m 范围以内，部分变形较大或特殊区段可适当扩大测量范围。

2 堤坝类建筑物区域地形测量的测图比例尺应为 1∶200～1∶1 000，护滩和护底区域地形测量的测图比例尺为 1∶500～1∶1 000，已受损建筑物区域可进行加密测量，测量图比例尺可采用 1∶200～1∶500。

3 对于面积较大、结构与河床变化特点相似区域的建筑物，可采取固定断面观测法进行测量，断面间距应为 100 m～300 m。

6.2.6 航道整治建筑物技术状况的检查方法宜按下列规定执行：

1 定期巡查可采用目测、无人机巡视、摄影、摄像、丈量等方法。

2 定期监测可采取勘探、测量、预埋观测点跟踪观测、潜水探摸、水文观测、声呐侧扫、激光扫测等方法。

3 临时检查可采取勘探、测量、潜水探摸、水文观测等方法。

6.3 技术状况评价

6.3.1 航道整治建筑物技术状况评价宜一个水文年进行 1 次；特殊情况下可进行专项技术评价，评价时间应根据相关因素综合确定。

6.3.2 航道整治建筑物技术状况评价应包含下列内容：

1 分析建筑物结构及边缘区域地形变化情况。

2 分析受损建筑物的受损原因、发展趋势、稳定性、对航道条件和通航安全的影响等。

3 评定建筑物技术状况类别，并提出后续检查及维修意见和建议。

6.3.3 航道整治建筑物的技术状况分为五级，技术状况分级应符合表 6.3.3 的规定。

表 6.3.3 航道整治建筑物技术状况分级

等级	技术状况
一级	建筑物结构完好、功能发挥正常
二级	建筑物发生无明显发展趋势的变形和损坏，不影响建筑物稳定与整治功能发挥
三级	建筑物发生影响建筑物稳定或整治功能发挥的变形和损坏
四级	建筑物变形和损坏严重，已经或即将失去整治功能
五级	建筑物因使用环境条件发生重大变化而不需发挥整治功能，或建筑物所在航道取消通航功能

6.4 维修与改善

6.4.1 航道整治建筑物技术状况检查、评价后，应根据建筑物技术状况和对航道条件的影响等开展相应的维修工作，并应符合下列规定：

1 技术状况为一级的航道整治建筑物不需进行维修。

2 技术状况为二级的航道整治建筑物加强跟踪观测分析、适时维修。

3 技术状况为三级的航道整治建筑物及时维修。

4 技术状况为四级的航道整治建筑物立即维修，或根据需要结合维修工程采取局部改善工程措施。

5 技术状况为五级的航道整治建筑物不进行养护。

6.4.2 出现下列情况之一时，应进行应急抢修：

1 堤坝根部冲坍，已经出现串沟。

2 堤坝冲开缺口，缺口有扩大趋势。

3 堤坝头部毁损严重，堤坝头部冲刷坑发展迅速，影响堤坝稳定。

4 堤坝陆上岸坡、枯水平台等区域出现大型裂缝，或已坍塌形成崩窝。

5 护滩、护底建筑物区域出现串沟，可能导致建筑物被贯穿分离。

6 建筑物遭受严重破坏、已明显削弱整治效果。

7 建筑物边缘冲刷发展严重威胁建筑物稳定。

8 其他可能影响建筑物主体结构安全或严重影响航道通行的情况。

6.4.3 航道整治建筑物维修应在分析受损原因的基础上，按照原样修复、局部改善等原则进行维修，并应符合下列规定：

1 坡脚及护底有冲刷、堤身坡面有明显变化、护面块体有明显稀疏失稳等，应及时检测、分析、修补加固。

2 堤坝头部冲刷坑发育，导致靠近堤坝头部一侧堤坝段坍塌较多时，可采用加宽堤坝头部和放缓边坡的方法加固。

3 堤坝根部出现串沟，导致堤坝严重损坏且不能按原样修复时，可在堤坝根部上游修筑新的堤坝段，与原有建筑物衔接或搭接。

4 建筑物结构的特殊构件发生破坏后，由于技术或经济因素不宜按原结构恢复时，按照不弱化整治功能的要求，通过替代结构进行维修。

6.4.4 已建航道整治建筑物局部功能需要进行改善时，应符合下列规定：

1 个别堤、坝和护滩建筑物的位置、长度、宽度或高度不当，影响整治效果时，可进行适当调整。

2 建筑物护底、护面结构偏弱导致受冲或沉陷时，可对其结构做加强处理。

7 船闸养护

7.1 一般规定

7.1.1 船闸养护应以维持并恢复原设计技术性能为原则,并应符合现行行业标准《船闸检修技术规程》JTS 320—3 和《通航建筑物维护技术规范》JTS 320—2 的相关规定。

7.1.2 船闸养护范围包括水工建筑物、附属设施及导助航设施,闸阀门,启闭机,电气及控制设备,信息化系统,管理区,交通桥等。

7.1.3 船闸养护应包括下列内容:
  1 船闸检查、观测及检测。
  2 船闸技术状况等级评定。
  3 船闸养护与维修。

7.1.4 船闸养护应做好环境保护工作,施工污染防治应符合国家现行标准的相关规定。

7.2 检查、观测及检测

7.2.1 船闸检查应根据船闸技术状况、使用条件、运行频繁程度,确定合理的检查内容及频次,并应符合下列规定:

  1 日常检查应对重点设备、设施和易受损部位进行外观检查或功能检验,检查周期为每日不少于 1 次,其他设备、设施按每日 1 次或根据实际情况及设备、设施使用要求,结合定期检查进行。

  2 定期检查应对船闸的设备与设施进行全面检查,并重点对在日常检查中发现问题的设备、设施进行检查;检查周期为每月 1 次至每季度 1 次,并应结合汛前、汛后检查进行,合计每年不少于4次。

3 出现经受洪水、地震等自然灾害,超过设计水位运行或发生工程事故等情况时应进行专项检查。

7.2.2 船闸观测应根据设计要求、工程规模、结构布局、地质情况、投入使用年限及工程控制运用要求,确定合理的观测项目及观测频次。

7.2.3 船闸检测应在搜集与分析基础资料的基础上,采用专业技术与相应设备、工具等,进行定量量测与定性描述,并应符合下列规定:

1 水工建筑物定期检测不宜少于每5年1次,闸阀门、启闭机、电气设备等定期检测不宜少于每年1次。

2 船闸运行条件和运行状态发生较大变化或船闸大修、升级改造后应开展专项检测。

3 运行中遭遇特大暴雨、超标准洪水或工程区域发生超设防烈度地震等特殊情况时,应及时对工程进行特殊检测。

7.3 技术状况等级评定

7.3.1 技术状况等级评定是指根据相应评定标准对存在或潜在的安全隐患及其严重程度进行分析与评价,各等级的技术状况标准对应相应的运行养护要求。船闸专项维修或大修前应明确设备与设施的技术状况等级。

7.3.2 船闸设备与设施技术状况等级划分应符合表7.3.2的规定。

表7.3.2 船闸设备与设施技术状况等级

等级	技术状况	评定标准
一级	好	(1)主体结构完好,各项功能完备; (2)无明显破损、变形; (3)设备运行平稳,功能正常,运行指标满足设计要求

续表7.3.2

等级	技术状况	评定标准
二级	一般	(1) 主体结构基本完好,主要功能正常; (2) 局部有不影响运行安全的破损、变形、锈蚀等缺陷; (3) 运行有轻微异响或卡阻; (4) 设备运行基本平稳,保护功能正常,出现不影响运行和没有安全隐患的异响或故障信号
三级	较差	(1) 主体结构出现缺陷; (2) 部分功能缺失或运行指标超标; (3) 有较多的破损、变形、锈蚀等缺陷; (4) 运行有较大异响或明显卡阻; (5) 设备明显老化,运行时有故障
四级	差	(1) 主体结构出现严重缺陷或主要功能缺失; (2) 无法稳定运行; (3) 其他影响运行安全的缺陷; (4) 设备出现严重故障,影响运行或造成安全隐患

7.4 养护与维修

7.4.1 船闸技术状况检查、评定后,应根据船闸设备与设施技术状况等级开展相应的运行养护工作,并应符合下列规定:

1 技术状况等级为一级的船闸正常运行养护。

2 技术状况等级为二级的船闸正常运行养护,同时需加强观察。

3 技术状况等级为三级的船闸控制运行、加强保养,同时列入维修计划进行修复。

4 技术状况等级为四级的船闸停止运行并及时进行修复。

7.4.2 船闸养护维修分为日常养护、专项维修、大修和抢修,养护维修应符合下列规定:

1 日常养护应根据船闸检查、保养资料结果及有关技术经济条件进行综合确定,针对船闸各类设备和设施的一般性损坏和问题,及时开展保养、整修和改善工作。

2 专项维修应根据船闸设备与设施状况和保养中发现的异常及缺陷开展工作,应制定维修计划,落实技术、物资和施工准备,逐步实施。

3 大修应结合维护周期内的专项维修工作,统筹安排设备与设施的集中保养和维修以及设备与设施升级改造工作,并制定大修计划和通航组织方案,大修宜每5~10年组织实施一次。

4 船闸发生事故或设备设施突现重大缺陷、故障,危及安全运行和正常通航时,应立即组织抢修。通过抢修无法彻底修复的设备或设施,在不影响通航的情况下,应列入专项维修或大修计划。

7.4.3 船闸养护维修应合理安排工期和时段,减少对通航的影响。

7.4.4 船闸维修后应进行调试,并应符合下列规定:

1 闸阀门及启闭机修理后应进行单机调试。

2 电气系统断电养护维修后应进行上电调试。

3 大修后应进行系统调试。

7.4.5 出现下列情况之一时,应进行水工建筑物专项维修和大修:

1 闸首、闸室混凝土表面出现较大破损时。

2 检查门槽混凝土表面出现明显破损、钢包角翘曲、开焊、撕裂时。

3 输水廊道混凝土表面出现破损、空蚀破坏时。

4 闸室消能工出现破损时。

5 导航墙、靠船墙混凝土表面出现局部较大破损时。

7.4.6 水工建筑物维修应在分析受损原因的基础上,按照原样修复、局部改善等原则进行维修,并应符合下列规定:

1 对结构安全运行有重大影响的裂缝、位移、沉降、倾斜及其他缺陷应进行专项检测、专项设计处理。

2 对护岸护坡、护坦结构安全有重大影响的缺陷应进行专项检测,缺陷处理应根据成因、技术要求和施工条件确定维修方案,必要时应进行专项设计。

　　3 对结构安全运行有重大影响的裂缝及其他缺陷应进行专项检测和专项设计处理。

7.4.7 出现下列情况之一时,应进行附属设施专项维修和大修:

　　1 系船柱出现断裂或严重锈蚀时。

　　2 爬梯、栏杆出现松动,危及安全时。

　　3 钢板护面、钢护角、钢护舷等松动、脱落、损坏时。

　　4 其他明显损坏或影响正常运行情形时。

7.4.8 闸阀门养护维修应符合下列规定:

　　1 闸阀门维护项目应包括门体结构,支承运转件,止水装置,吊耳、吊杆和锁定装置,埋件,干油润滑系统,金属结构防腐蚀处理等。

　　2 闸阀门维修的焊接工艺应符合现行国家标准《现场设备、工业管道焊接工程施工规范》GB 50236 及现行行业标准《船闸检修技术规程》JTS 320—3、《水工金属结构焊接通用技术条件》SL 36 的相关要求。

　　3 闸阀门紧固件损坏和缺损时,应按原设计标准予以更换和补齐。

7.4.9 启闭机养护维修应符合下列规定:

　　1 液压式启闭机维护项目应包括液压阀组、油泵、辅件、油缸、液压油等。

　　2 启闭机械维修一般工艺应符合现行行业标准《船闸检修技术规程》JTS 320—3 的相关规定。

7.4.10 电气设备养护维修要求应符合下列规定:

　　1 电气设备日常检查和定期检查中发现问题时,应及时制定维修方案。

　　2 养护过程中出现影响电气设备正常使用的问题和故障时,应及时制定相应的维修方案。

3 电气设备的维修计划应结合船闸运行情况制定。

4 维修后的电气设备的性能和参数应不低于设计值,如不能保证应予以更换。

7.4.11 控制设备养护维修应符合下列规定:

1 对无法满足既定使用要求的控制设备,应进行维修或更换。

2 控制设备在到达使用寿命后,宜全面更换。

3 船闸的控制及调度系统应根据需求,定期进行专项升级改造;改造的过程中应考虑环保和新技术的应用。

8 停泊区水工建筑物养护

8.1 一般规定

8.1.1 停泊区水工建筑物养护以维持并恢复原设计功能为原则，应具有预防性、经常性、延续性和及时性。

8.1.2 停泊区水工建筑物养护范围应包括靠船墙、靠船墩、靠船桩及附属设施。

8.1.3 停泊区水工建筑物养护应包括以下内容：
　　1 巡查与检测。
　　2 技术状况等级评定。
　　3 水工建筑物日常养护与维修。

8.1.4 停泊区水工建筑物养护标准宜按照原建设标准执行，必要时也可根据船舶实际停泊情况经论证合理调整。

8.1.5 停泊区水工建筑物养护应采用合理的技术方案，保证养护的质量，并应符合国家现行标准的相关规定。

8.2 巡查与检测

8.2.1 停泊区巡查主要针对停泊区水工建筑物进行表观检查，并应符合下列规定：
　　1 停泊区巡查频次应根据航道养护类别确定，一类养护航道的停泊区不应少于每月 1 次；二类、三类养护航道的停泊区不应少于每 3 个月 1 次。
　　2 停泊区巡查宜以目测为主，并应包括以下内容：
　　　　1）面层外观破损情况；

2）迎水面构件损坏情况；
3）附属设施缺损情况；
4）有无超载使用现象；
5）其他明显损坏或不正常现象。

8.2.2 停泊区水工建筑物检测应采用相应的仪器、设备和专用工具，对结构的变形、损坏、劣化程度进行定性和定量检测，并符合下列规定：

1 靠船墙、靠船墩、靠船桩等定期检测不宜少于每3～5年1次。

2 发生以下情况之一时应进行专项检测：
1）定期检测中发现重大问题的；
2）定期检测中难以判明主体结构是否安全的；
3）遭受特殊灾害或事故造成结构及主要构件损害，可能危及结构安全的。

8.3 技术状况等级评定

8.3.1 停泊区水工建筑物技术状况等级应符合表8.3.1的规定。

表8.3.1 停泊区水工建筑物技术状况等级

等级	技术状况	评定标准
一级	好	（1）重要部位及构件完好； （2）次要部位及构件个别轻度损坏； （3）结构基本无沉降、位移或变形
二级	较好	（1）重要部位及构件有个别轻度损坏； （2）次要部位及构件有少量中度损坏； （3）结构无明显沉降、位移或变形
三级	较差	（1）重要部位及构件有少量中度损坏或出现轻度功能性损坏，但发展缓慢，尚能维持正常使用； （2）次要部位及构件有大量中度损坏或劣化个别轻度损坏，功能降低，进一步恶化将不利于重要构件的安全和正常使用； （3）结构有沉降、位移或变形，不影响整体稳定

续表8.3.1

等级	技术状况	评定标准
四级	差	(1) 重要部位及构件有大量中度损坏或劣化,或出现功能性损坏,但发展缓慢,尚能维持正常使用; (2) 次要部位及构件有大量严重损坏或劣化,功能明显降低,不利于重要构件的安全和正常使用; (3) 结构有沉降、位移或变形较大,影响整体稳定
五级	危险	(1) 重要部位及构件有大量严重损坏或劣化,出现功能性损坏且发展迅速,不能维持正常使用; (2) 次要部位及构件有大量严重损坏或劣化,失去应有功能; (3) 结构有沉降、位移或变形严重,整体不稳定

8.3.2 不同类型停泊区水工建筑物结构的技术状况等级评定可按现行行业标准《港口设施维护技术规范》JTS 310 的相关规定执行。

8.4 养护与维修

8.4.1 停泊区水工建筑物养护与维修分为日常养护、专项维修和抢修,养护与维修应符合下列规定:

1 技术状况为一级、二级的水工建筑物应以日常养护为主。

2 技术状况为三级、四级的水工建筑物应进行专项维修。

3 技术状况为五级的水工建筑物应进行专项维修或经检测评估后报废或拆除。

4 停泊区水工建筑物发生事故,危及水工建筑物安全运行和正常使用时,应立即组织抢修。

8.4.2 靠船墙和靠船墩养护与维修应符合下列规定:

1 结构外表及棱角出现局部较大损坏时应进行修补。

2 结构出现裂缝或者明显位移时,应及时检测并分析原因,根据检测结果采取相应的加固补强措施。

3 结构表面出现剥落、剥离、钢筋锈蚀等材料劣化损坏时,应安排定期检测和跟踪检查,并适时维修。

　　4　结构上设有排水孔时,应保持排水孔通畅。

8.4.3　靠船桩养护与维修应符合下列规定:

　　1　涂层、涂装损坏时应及时维修,维修涂料应与原涂料相同或相容。

　　2　阳极块缺损时应及时恢复,阳极块的腐蚀等效直径不满足设计要求时应及时更换。

8.4.4　附属设施养护与维修应符合下列规定:

　　1　系船设施应稳固、完好,固定件缺损、松动时应及时更换或紧固,设施破损或开裂时应及时维修或更换。

　　2　护舷设施损坏、脱落时应及时更换。

　　3　栏杆、铁爬梯等钢结构应定期涂装防腐,锈蚀严重、损坏以至影响正常使用时应及时更换或修理。

8.4.5　停泊区功能发生变化时应对水工建筑物进行复核验算,若无法满足停靠要求,应对水工建筑物进行更新改造。

8.4.6　停泊区冲刷严重,对结构安全产生不利影响时,应采取相应安全措施。

9 航标和内河交通安全标志养护

9.1 一般规定

9.1.1 航标和内河交通安全标志养护应包括沿海航标养护、内河航标养护和内河交通安全标志养护。

9.1.2 航标和内河交通安全标志必须按照公布或核定的功能、标准和要求使用;当技术状况无法发挥公布或核定的功能时,应及时恢复。

9.1.3 视觉航标养护应满足"标位准确、灯质正常、涂色鲜明、结构良好"的总体目标;无线电航标养护应满足"信号准确、频率稳定、功率正常、工作连续"的总体目标;音响航标养护应满足"信号清晰、发放及时"的总体目标。

9.2 沿海航标养护

9.2.1 沿海航标养护应包括巡视、巡检、保养和修复。

9.2.2 沿海航标养护内容和备品配置应符合现行行业标准《沿海导助航工程维护技术规范》JTS/T 320—5 的相关规定。

9.2.3 沿海航标年度正常率不应低于 99.0%,沿海航标年度养护正常率不应低于 99.5%。航标维护质量宜符合现行行业标准《沿海航标维护质量要求及评定方法》JT/T 1363 的相关规定。

9.2.4 沿海航标的养护周期应根据海域自然条件特征、服务对象要求、设施类型与性能确定,并符合下列规定:

   1 巡视周期不应超过 1 个月。

   2 巡检周期不应超过 3 个月,安装有航标遥测终端、视频监测装置等电子辅助监测设备并且设备运行正常的,巡检周期可在评估具体情况后适当延长,但不得超过 6 个月。

  3 保养周期不应超过 3 年。

  4 在台风、寒潮等自然灾害后应及时开展航标养护。

9.2.5 沿海航标修复时限应符合下列规定:

  1 发生灯光熄灭、灯质错误、结构破损、无线电信号停发或错误、音响航标信号停发或错误时,航标修复时限为 48 h。

  2 发生灯浮离位、失踪和航标结构严重损坏时,航标修复时限为 72 h。

  3 因天气原因导致养护设施和人员不能到达失常现场时,修复时限可适当延长。

9.2.6 沿海航标养护应配置满足航标养护而必需的航标维护车辆、船艇、码头、应急场地等基础设施。

9.3 内河航标养护

9.3.1 内河航标养护应包括检查、保养和维修。

9.3.2 内河航标养护应符合下列规定:

  1 位置正确、颜色鲜明、灯光明亮,且灯质和视距符合现行行业标准《内河航标技术规范》JTS/T 181—1 的相关规定。

  2 航标通视有效范围内无遮挡物。

9.3.3 内河航标养护内容应根据河流特性、航道特点、航标类型及材质等确定,并应符合下列规定:

  1 检查应包括下列主要内容:

    1) 标位是否正确;

    2) 标志是否完好、牢固、整洁和鲜明;

    3) 浮标锚链上有无缠绕物;

    4) 灯器、遥测遥控终端和电源是否正常、有效;

    5) 灯质和灯光亮度是否正常。

2 保养内容应包括外表面清洁、外观破损修复、钢构件除锈、灯器等电子器材质量检验。

3 航标损坏的,应通过维修使其恢复正常。

9.3.4 内河航标养护应配置备品,并符合下列规定:

1 浮标备品数量不应低于在用数量的 30%。

2 灯桩灯器、电源、遥测遥控终端等易损器材备品数量,不应低于在用数量的 30%。

9.3.5 内河航标养护正常率应按照航道养护分类确定,一类养护不小于 99%,二类养护不小于 95%,三类养护不小于 90%。

9.3.6 内河航标养护周期应符合下列规定:

1 现场检查周期不宜大于 15 d,采用现场检查与电子巡查相结合的方式时,现场检查周期可根据实际情况延长。

2 标体、标杆上有污物或油漆脱落的,应及时清洗补漆;有腐烂或损坏的,应及时更换。

9.4 内河交通安全标志养护

9.4.1 内河交通安全标志主要包括警告标志、禁令标志、指令标志、提示标志、辅助标志、桥梁标志、临水标志和可变信息标志。

9.4.2 内河交通安全标志养护应包括检查、保养和维修,并应符合下列规定:

1 检查内容应包括检查标牌版面外观完好度、标志结构倾斜度、结构牢固性。

2 保养内容应包括标牌清洗、遮挡标牌障碍物清理、标志结构除锈涂漆。

3 维修内容应包括修复或更换破损或变形的标牌、更换腐蚀严重或损坏的标志结构。

9.4.3 内河交通安全标志养护除应符合现行国家标准《内河交通安全标志》GB 13851 的有关要求外,尚应符合下列规定:

1 标志完好、牢固、整洁。
　　2 标志面的图形、符号、文字清晰，颜色鲜明，通视有效范围内无遮挡物。
　　3 金属表面应做好防锈处理。
9.4.4 内河交通安全标志养护周期应符合下列规定：
　　1 检查周期不宜大于 1 年，台风、寒潮等自然灾害后应及时全面检查。
　　2 标牌宜每年清洁 1 次，标牌通视有效范围内的遮挡物的清理应每年至少 1 次，标牌反光膜损坏的应及时更换，可变信息标志应每月至少养护 2 次；发现钢结构附属设施锈蚀应及时除锈涂漆，腐蚀严重或损坏的应及时更换。

10 信息化系统运维

10.1 一般规定

10.1.1 信息化系统运维应包括硬件设备运维、软件系统运维和基础设施维护。

10.1.2 信息化系统运维宜采用全生命周期运维管理，建立信息化系统台账和运维记录台账。

10.1.3 信息化系统运维应以预防为主、防治结合，运维方式宜采用电子巡查、现场检测和修复等。

10.2 硬件设备运维

10.2.1 硬件设备应包括下列内容：
   1 视频监控、船舶流量监测、净高监测、AIS、电子显示屏等外场硬件设备。
   2 集群移动通信、光纤传输、电缆传输、程控交换机、综合业务接入网等通信硬件设备。
   3 网络互联、网络安全、计算机终端、网络线路、数据存储等计算机网络硬件设备。

10.2.2 硬件设备运维应符合下列要求：
   1 保障硬件设备结构完整、牢固可靠、安全运行。
   2 保证硬件设备技术性能符合安全技术标准。
   3 保证硬件设备运行养护指标达到标准要求。
   4 加强硬件设备的预检预修，准确排除各类隐患障碍。
   5 保证硬件设备上报数据的计量准确率和数据上报率。

10.2.3 硬件设备运维应开展布置点外观检测、设备检查、设备数据传输和存储检查、辅助设施检查。

10.2.4 硬件设备巡检频次应按每日监控、季度巡检和半年校验，并应符合下列规定：

  1 每日监控应监测设备运行情况，开展远程诊断和运行管理，并做好记录和档案管理。

  2 季度巡检应对每个硬件设备进行现场巡查，做好巡查记录和档案管理。

  3 半年校验应对每个硬件设备进行校验和检定，并做好记录和档案管理。

10.2.5 硬件设备遇到汛期、特殊天气时，应加强现场检查维护频次，加强设备连接紧固、防雷检查和维护。

10.2.6 硬件设备出现故障时，应按故障严重程度，分级分时处置，并做好故障处置记录。

10.2.7 视频监控、船舶流量监测等航道信息化关键硬件设备宜配备备品备件，配备数量不低于配布设备数量的10%，易损件按50%配备备件，并定期维护备品备件，保证其处于适用状态。

10.2.8 硬件设备宜由设施权属单位制定运行指标和数据质量指标。

10.3 软件系统运维

10.3.1 软件系统应包括下列内容：

  1 操作系统、系统安全软件、办公软件、数据库、网络管理软件、工具软件等通用软件。

  2 单机版软件、C/S架构软件、B/S架构软件等专用软件。

  3 船舶AIS、船舶RFID等专用数据。

10.3.2 软件系统运维应符合下列要求：

  1 保证通用软件的采购、升级、服务。

2 保证专用软件的升级、服务。

3 保证数据的采集、备份、恢复。

10.3.3 软件系统应开展系统功能完整性和安全性检查,处理发现的漏洞和不安全因素,保证软件的安全稳定运行;应对数据定时备份、整理和必要的恢复,保持数据的完整性和实时性。

10.3.4 软件系统宜对使用正常率进行定期考核,系统年正常率应不低于98%。

10.3.5 信息系统应制定安全策略及措施,宜根据现行国家标准《信息安全技术　网络安全等级保护基本要求》GB/T 22239的相关规定定期进行等保定级、备案、测评和保护。

10.3.6 软件系统运维宜每年至少巡查1次,并做好记录和档案管理。

10.4 基础设施维护

10.4.1 基础设施维护内容应包括基础环境、电源、音视频系统、通信线路等。

10.4.2 基础设施维护应开展下列工作:

1 基础环境:机房室内温度保持在15℃～30℃,相对湿度保持在40%～60%的范围内;切实做好防火、防水、防虫鼠、防震、防盗等工作,确保人身和设备安全;切实做好防雷工作,保障设备可靠接地,每年雷雨季节之前应进行全面检查,确保接地电阻符合要求;加强门禁系统管理,确保机房安全;保证室内工作照明和应急照明正常;对独立站点的环境维护,确保整洁。

2 电源:在现有电源系统配置的情况下,及时发现、处理电源故障,保证电源设备正常运行、备份电源能够及时投入运行,确保24 h不间断供电。

3 音视频系统:保障信息采集、视频会议音视频信号的放大输出和显示正常、稳定。

4 通信信道:排查自有通信线路基站,及时与通信运营商沟通,确保线路畅通。

10.4.3 基础设施维护宜每半年至少巡查1次,并做好记录和档案管理。

11 航道养护计划和技术核查

11.1 一般规定

11.1.1 航道养护计划的编制应遵循分类养护、突出重点、科学合理、便于执行的原则,并与预算编制和资金安排做好衔接。

11.1.2 航道养护技术核查应符合现行行业标准《航道养护技术核查指南》JTS/T 323 的相关规定。

11.2 养护计划

11.2.1 航道养护应根据航运发展要求、航道技术等级、养护能力和养护技术核查要求等,合理制定航道养护计划。

11.2.2 年度航道养护计划应包括航道养护计划、航道养护计划编制说明和航道养护前期工作计划,并应符合下列规定:

1 航道养护计划应包括下列主要内容:
　　1)航道养护目标;
　　2)航道养护范围和里程;
　　3)航道养护标准;
　　4)航道养护主要工作内容及主要计划指标;
　　5)航道养护费用;
　　6)航道养护安全工作目标;
　　7)航道养护计划表。

　　2 航道养护计划编制说明应主要包括上年度养护计划执行情况与经验总结,计划年度养护工作形势分析、计划年度重点养护工作安排与工作措施、计划年度养护工作量与养护费用测算等。

3 航道养护前期工作计划主要包括计划年度需要开展的勘察、前期测量、物探、疏浚土检测评价、设计等前期工作安排和前期工作费测算等。

11.2.3 航道养护应建立年报统计制度，制定能全面反映计划指标完成情况的年度统计报表。

11.3 技术核查

11.3.1 航道养护工作应建立养护技术核查制度、制定核查标准，并按年度航道养护计划要求对养护计划执行情况进行技术核查。

11.3.2 航道养护技术核查应符合下列规定：

1 航道例行养护的技术核查应重点核查养护内容是否按照航道养护计划要求按时保质保量执行，并做好记录和归档。

2 航道专项养护的技术核查应重点核查专项养护的工程效果和是否履行相关程序。

3 航道应急抢修的技术核查应重点核查应急抢修响应的及时性和抢通效果。

本标准用词说明

1 为便于在执行标准条文时区别对待,对要求严格程度的用词说明如下:
    1)表示很严格,非这样做不可的用词:
        正面词采用"必须";
        反面词采用"严禁"。
    2)表示严格,在正常情况下均应这样做的用词:
        正面词采用"应";
        反面词采用"不应"或"不得"。
    3)表示允许稍有选择,在条件许可时首先应这样做的用词:
        正面词采用"宜";
        反面词采用"不宜"。
    4)表示允许有选择,在一定条件下可以这样做的用词,采用"可"。

2 条文中指明应按其他有关标准执行时的写法为"应符合……的规定(要求)"或"应按……执行"。

引用标准名录

1 《中国海图图式》GB 12319
2 《中国航海图编绘规范》GB 12320
3 《海道测量规范》GB 12327
4 《内河交通安全标志》GB 13851
5 《土壤环境质量 农用地土壤污染风险管控标准(试行)》GB 15618
6 《信息安全技术 网络安全等级保护基本要求》GB/T 22239
7 《海洋倾倒物质评价规范 疏浚物》GB 30980
8 《土壤环境质量 建设用地土壤污染风险管控标准(试行)》GB 36600
9 《水位观测标准》GB/T 50138
10 《内河通航标准》GB 50139
11 《现场设备、工业管道焊接工程施工规范》GB 50236
12 《水运工程测量规范》JTS 131
13 《水运工程水文观测规范》JTS 132
14 《运河通航标准》JTS 180—2
15 《海轮航道通航标准》JTS 180—3
16 《长江干线通航标准》JTS 180—4
17 《内河航标技术规范》JTS/T 181—1
18 《疏浚与吹填工程设计规范》JTS 181—5
19 《内河电子航道图技术规范》JTS 195—3
20 《内河航道绿色建设技术指南》JTS 225
21 《水运工程质量检验标准》JTS 257
22 《港口设施维护技术规范》JTS 310

23 《通航建筑物维护技术规范》JTS 320—2
24 《船闸检修技术规程》JTS 320—3
25 《沿海导助航工程维护技术规范》JTS/T 320—5
26 《内河航道公共服务信息发布指南》JTS/T 321
27 《航道养护技术核查指南》JTS/T 323
28 《沿海航标维护质量管理体系导则》JT/T 729
29 《沿海港口航道测量技术要求》JT/T 954
30 《沿海航标维护质量要求及评定方法》JT/T 1363
31 《水工金属结构焊接通用技术条件》SL 36
32 《绿化种植土壤》CJ/T 340
33 《污水综合排放标准》DB31/199
34 《滩涂促淤圈围造地工程设计规范》DG/TJ 08—2111
35 《内河航道工程设计标准》DG/TJ 08—2116

上海市工程建设规范

航道养护技术标准

DG/TJ 08—2449—2024
J 17783—2024

条 文 说 明

2024 上海

目 次

- 2 术 语 …………………………………………… 53
- 3 基本规定 ………………………………………… 54
  - 3.1 一般规定 …………………………………… 54
  - 3.2 航道养护分类 ……………………………… 54
- 4 航道养护观测 …………………………………… 55
  - 4.1 一般规定 …………………………………… 55
  - 4.2 水文观测 …………………………………… 55
  - 4.3 航道养护测量 ……………………………… 55
  - 4.4 航道图测绘 ………………………………… 56
- 5 航道养护疏浚 …………………………………… 57
  - 5.2 维护尺度 …………………………………… 57
  - 5.3 维护方式与工程量计算 …………………… 57
  - 5.4 疏浚工艺与疏浚设备 ……………………… 57
  - 5.5 疏浚土管理 ………………………………… 58
- 6 航道整治建筑物养护 …………………………… 60
  - 6.1 一般规定 …………………………………… 60
- 7 船闸养护 ………………………………………… 61
  - 7.1 一般规定 …………………………………… 61
  - 7.2 检查、观测及检测 ………………………… 62
- 8 停泊区水工建筑物养护 ………………………… 63
  - 8.4 养护与维修 ………………………………… 63
- 9 航标和内河交通安全标志养护 ………………… 64
  - 9.4 内河交通安全标志养护 …………………… 64

11 航道养护计划和技术核查 ………………………… 65
　11.1 一般规定 ………………………………………… 65
　11.2 养护计划 ………………………………………… 65
　11.3 技术核查 ………………………………………… 65

Contents

2 Terms ·· 53
3 Basic requirements ··· 54
   3.1 General provisions ·· 54
   3.2 Classification of waterway maintenance ················· 54
4 Observations of waterway maintenance ······················· 55
   4.1 General provisions ·· 55
   4.2 Hydrological observations ·· 55
   4.3 Waterway maintenance survey ································ 55
   4.4 Waterway chart mapping ·· 56
5 Waterway maintenance dredging ···································· 57
   5.2 Maintenance dimensions ··· 57
   5.3 Maintenance methods and quantity calculation ······ 57
   5.4 Dredging process and equipment ···························· 57
   5.5 Management of dredged materials ·························· 58
6 Waterway regulating structures maintenance ··············· 60
   6.1 General provisions ·· 60
7 Lock maintenance ·· 61
   7.1 General provisions ·· 61
   7.2 Inspection, observations and detection ················· 62
8 Berthing area hydraulic structures maintenance ············ 63
   8.4 Maintenance and repairment ···································· 63
9 Maintenance of aids to navigation and inland waterways traffic safety signs ·· 64

9.4 Traffic safety signs maintenance of inland
　　 waterways ·· 64
11　Waterway maintenance plan and technical verification
　　of waterway maintenance ······································ 65
　　11.1　General provisions ······································ 65
　　11.2　Waterway maintenance plan ···························· 65
　　11.3　Technical verification of waterway maintenance
　　　　·· 65

2 术 语

2.0.5 自上海港建港以来,黄浦江巨潮港以下航道一直按沿海航道管理,因此黄浦江巨潮港以下航道的养护按沿海航道养护相关规定执行。

2.0.8 黄浦江巨潮港以上航道及黄浦江非闸控支河航道均按内河开敞航道养护相关规定执行。

3 基本规定

3.1 一般规定

3.1.6 航道养护巡查的主要内容包括对航道、航标和内河交通安全标志、航道整治建筑物、停泊区水工建筑物和信息化系统等的运行状态进行巡视检查，具有日常性、定期性和应急性等特点。

3.2 航道养护分类

3.2.2 根据现行行业标准《航道养护技术规范》JTS/T 320，结合《上海市航道条例》(2019年9月26日上海市第十五届人民代表大会常务委员会第十四次会议通过)和上海市航道养护的实际情况，对航道养护进行分类。

  1 具备下列条件之一的航道养护，应为一类养护：

    1) 黄浦江国际客运码头至吴泾航道段满足2万吨级散货船通航要求，按照现行行业标准《航道养护技术规范》JTS/T 320属于二类养护，但黄浦江航道航运价值十分重要，目前按照一类航道进行养护。因此，根据上海航道养护实践，本标准将沿海航道一类养护标准从现行行业标准《航道养护技术规范》JTS/T 320中的3万吨级及以上海轮调整为2万吨级及以上海轮。

    2) 上海市规划"一环十射"高等级内河航道是指黄浦江上游、赵家沟、大芦线、大浦线、杭申线、苏申外港线、长湖申线、苏申内港线、平申线、油墩港、罗蕴河、金汇港、川杨河和龙泉港航道。

4 航道养护观测

4.1 一般规定

4.1.3 上海2000坐标系是基于2000国家大地坐标系建立的城市平面坐标系,自2021年1月1日起在全市范围内正式启用。本市内河航道、停泊区和黄浦江航道养护通常采用上海2000坐标系,其他区域通常采用2000国家大地坐标系。

4.2 水文观测

4.2.1 航道水文观测内容应根据航道具体情况和养护要求综合确定,并应符合下列规定:
  2 对上海地区以悬移质运动为主的沿海航道,大风天气近底高浓度悬沙和浮泥运动对回淤影响较大,为此对重点航道宜开展近底高浓度含沙量和浮泥观测。

4.2.3 在闸控航道潮汐影响可以忽略时,可不考虑观测潮型的选择。

4.3 航道养护测量

4.3.2 航道养护水深测量范围应符合下列规定:
  1 黄浦江的沿海航道养护测量范围宜包括两岸之间的水域。
  2 横向从航道坡顶向两侧外拓展的距离各取1倍航道宽度为本市唯一湖区航道(淀山湖航道)工作经验。

4.3.4 航道养护测量频次应符合下列规定：

5 本市航道养护疏浚施工前、后水深测量的测量范围和测图比例与航道养护水深测量基本一致,将养护疏浚施工前、后水深测量纳入航道养护水深测量频次的补充,有利于节省航道养护测量费用。

4.3.5 航道养护测量的测图比例尺应符合下列规定：

2 根据本市多年内河航道观测及回淤研究实践,一般航段的测量断面间距取 250 m 即可以反映出河道的总体冲淤特征；但对于实施养护疏浚的航道,采用断面法时,断面间距应加密至 50 m。

4.4 航道图测绘

4.4.1 航道图测绘内容应符合下列规定：

2 有条件时,宜在航道图中补充相应管线的高程数据。

5 航道养护疏浚

5.2 维护尺度

5.2.2 内河航道维护尺度应符合现行上海市工程建设规范《内河航道工程设计标准》DG/TJ 08—2116 的相关规定,并应符合下列规定:

2 航道维护设计水深复核时,闸控航道和开敞航道宜分别采用常水位下限值和平均低潮位进行复核。代表船型宜选用满足航道限制船舶主尺度要求的实际通航船舶。

5.3 维护方式与工程量计算

5.3.5 疏浚工程量计算应符合现行行业标准《疏浚与吹填工程设计规范》JTS 181—5 的相关规定,并应符合下列规定:

1 气动式吸泥船目前仅在洋山港区东港养护疏浚工程投入应用。

5.4 疏浚工艺与疏浚设备

5.4.3 航道养护疏浚设备应在合理选择疏浚工艺的基础上,根据疏浚工况、疏浚土可挖性和管道输送适宜性、疏浚工程量和工期等合理确定,并应符合下列规定:

3 锚地养护疏浚的疏浚设备要占用部分锚泊水域,为了尽量减少施工对船舶锚泊的影响,疏浚周期宜短不宜长,因此应选择工效较高的疏浚船机。若养护锚地中锚泊船舶密度较大,锚泊和疏浚宜分区独立进行,疏浚区内实施禁锚管制,分区疏浚、分区验收。

5.5 疏浚土管理

5.5.3 疏浚土检测评价应根据不同的利用或处置方式选择相应的检测指标,包括但不限于以下内容:

1 填方工程和陆上处置:围填海工程、道路工程、复耕等回填土方利用和处置,通常分为农业用地和建设用地两种,检测指标应分别符合现行国家标准《土壤环境质量 农用地土壤污染风险管控标准(试行)》GB 15618 和《土壤环境质量 建设用地土壤污染风险管控标准(试行)》GB 36600 的相关规定。

2 湿地及栖息地建设:包括滩涂整治、生态湿地及栖息地营造等场景。检测指标目前无专门的规范要求,可参考现行国家标准《海洋倾倒物质评价规范 疏浚物》GB 30980 和《土壤环境质量 农用地土壤污染风险管控标准(试行)》GB 15618 的相关规定。

3 园林绿植利用:包括林地、园林等绿地建设场景。根据绿地与人接触的密切程度,可分为Ⅰ~Ⅳ级,检测指标应符合现行行业标准《绿化种植土壤》CJ/T 340 的相关规定。

4 建筑材料:粉砂用作袋装砂吹填料时,检测指标应符合现行上海市工程建设规范《滩涂促淤圈围造地工程设计规范》DG/TJ 08—2111 的相关规定;底泥处理后用于制作陶粒等轻骨料以及砖瓦、瓷砖等建筑材料时,检测指标应符合现行国家标准《轻集料及其试验方法 第 1 部分:轻集料》GB/T 17431.1 和《城镇污水处理厂污泥处置 制砖用泥质》GB/T 25031 的相关规定。

5 水上处置:疏浚土水上处置前应进行疏浚土评价,其评价标准应符合现行国家标准《海洋倾倒物质评价规范 疏浚物》GB 30980 的相关规定。

5.5.8 本市污染疏浚土主要出现在内河航道中,本条规定主要参照现行上海市地方标准化指导性技术文件《上海市河道疏浚底泥处理处置技术指南(试行)》DB31 SW/Z018。

2 污染疏浚土处理场地底部防渗可按现行国家标准《生活垃圾卫生填埋场防渗系统工程技术标准》GB/T 51403、现行行业标准《渠道防渗工程技术规范》SL 18 和《生活垃圾卫生填埋场防渗系统工程技术规范》CJJ 113 的相关规定执行。

6 航道整治建筑物养护

6.1 一般规定

6.1.4 本市达到设计使用年限的建筑物主要是指吴淞导堤。吴淞导堤历史上分别在 1958 年、1965—1966 年、1980—1981 年、1997 年和 2014 年进行过 5 次维修,其中 1997 年和 2014 年维修较为全面,大大提高了导堤整体稳定的安全度。

7 船闸养护

7.1 一般规定

7.1.1 船闸养护除应符合现行行业标准《船闸检修技术规程》JTS 320—3 和《通航建筑物维护技术规范》JTS 320—2 的相关规定外，尚应符合现行上海市交通委员会技术文件《上海市船闸养护维修技术规程》DB31JT/Z 004 相关规定。此外，具有通航功能的套闸、水闸等建筑物可按本标准执行。

7.1.3 根据现行行业标准《通航建筑物维护技术规范》JTS 320—2 的相关内容，结合本市船闸养护特点及现行上海市交通委员会标准化指导性技术文件《上海市船闸养护维修技术规程》DB31JT/Z 004 相关规定，本条及第 7.4.1 条内容与现行行业标准《通航建筑物维护技术规范》JTS 320—2、现行上海市交通委员会标准化指导性技术文件《上海市船闸养护维修技术规程》DB31JT/Z 004 的对应关系如表 1 所示。

表 1 各标准养护内容对比

项目	《通航建筑物维护技术规范》	《上海市船闸养护维修技术规程》	本标准
例行养护	检查检测	检查、观测、检测	检查、观测、检测
	技术状况等级评定	技术状况等级评定	技术状况等级评定
	例行保养、定期保养	养护、日常维修	日常养护
专项养护	专项修理、大修	专项修理、大修	专项修理、大修
抢修	抢修	抢修	抢修

7.2 检查、观测及检测

7.2.1 船闸检查应根据船闸技术状况、使用条件、运行频繁程度,确定合理的检查内容及频次,并应符合下列规定:

  1 日常检查中对于船闸闸阀门、启闭机等关键设备可适当增加检查频次;当遇到恶劣天气、设备设施异常或接近使用寿命时,应增加检查频次。

8 停泊区水工建筑物养护

8.4 养护与维修

8.4.1 现行行业标准《港口设施维护技术规范》JTS 310 关于港口设施维护分为养护、小修、中修、大修,本标准为了与航道养护相对应,将停泊区养护分为日常养护(对应现行行业标准《港口设施维护技术规范》JTS 310 中的养护和小修)、专项养护(对应现行行业标准《港口设施维护技术规范》JTS 310 中的大修和中修)。

9 航标和内河交通安全标志养护

9.4 内河交通安全标志养护

9.4.1 根据2013年1月上海市航务管理处发布的《上海市沿跨内河航道建(构)筑物标志标牌配布技术导则》,沿跨内河航道建(构)筑物标志标牌包含桥梁标志标牌(桥涵标、桥梁主标志、桥名标志、通航净高标尺、高度受限标志、限制宽度标志、禁止驶入标志、禁止通行标志),管线标志标牌,码头标志标牌,取水口排水口标志标牌,船闸标志标牌,其他标志标牌(地名标志、分界标志、交叉河口标志/指路牌、限制船舶尺度或吨位标志、港航宣传牌)。

11 航道养护计划和技术核查

11.1 一般规定

11.1.1 本市沿海航道的养护观测和养护疏浚范围,基本做到了每年全覆盖;内河航道每年养护观测航道里程约 800 km,"十二五"期间和"十三五"期间分别累积完成 256 条(次)和 228 条(次)航道的养护观测,基本覆盖了全市所有内河航道,并实现了重点航道的多年连续观测;内河航道养护疏浚每年根据需要对 3~6 条重点航道进行养护疏浚。

11.2 养护计划

11.2.2 年度航道养护计划应包括航道养护计划、航道养护计划编制说明和航道养护前期工作计划,并应符合下列规定:
  3 航道养护前期工作计划报告内容可包括养护对象选取原则、航道概况、养护内容及标准、工程量测算、前期工作费用测算、问题与建议等。

11.3 技术核查

11.3.2 航道养护技术核查应符合下列规定:
  2 航道专项养护重点核查的履行程序包括编制专项养护技术方案和组织专家评审等。